50 Hearty Salads for Every Mood Recipes

By: Kelly Johnson

Table of Contents

- Quinoa and Black Bean Salad
- Greek Chickpea Salad
- Roasted Vegetable and Farro Salad
- Kale Caesar Salad
- Spinach and Strawberry Salad
- Mediterranean Couscous Salad
- Asian Noodle Salad
- Lentil and Feta Salad
- Caprese Pasta Salad
- Southwest Avocado Salad
- Warm Potato Salad with Mustard Dressing
- Thai Mango Salad
- Beet and Arugula Salad
- Panzanella Salad
- BBQ Chickpea Salad
- Creamy Avocado and White Bean Salad
- Cabbage and Carrot Slaw
- Teriyaki Chicken Salad
- Tabbouleh Salad
- Roasted Sweet Potato and Quinoa Salad
- Moroccan Carrot Salad
- Broccoli and Apple Salad
- Mediterranean Grain Salad
- Brussels Sprouts and Pomegranate Salad
- Grilled Vegetable Salad
- Chickpea and Cucumber Salad
- Fennel and Orange Salad
- Thai Peanut Salad
- Eggplant and Tomato Salad
- Curried Chickpea Salad
- Citrus and Avocado Salad
- Zucchini Noodle Salad
- Black Rice Salad with Mango
- Warm Lentil and Kale Salad
- Roasted Beet and Goat Cheese Salad

- Spinach and Feta Salad with Quinoa
- Citrus Kale Salad
- Sweet Potato and Black Bean Salad
- Mediterranean Lentil Salad
- Taco Salad with Avocado Dressing
- Caprese Salad with Pesto
- Grilled Shrimp and Avocado Salad
- Fattoush Salad
- Roasted Cauliflower Salad
- Green Bean and Potato Salad
- Bacon-Wrapped Asparagus Salad
- Seared Tuna Salad
- Lentil and Spinach Salad
- Creamy Tahini Kale Salad
- Watermelon and Feta Salad

Quinoa and Black Bean Salad

Ingredients:

- **1 cup** quinoa, cooked
- **1 can** black beans, drained and rinsed
- **1 red bell pepper**, diced
- **1 cup** corn (fresh or frozen)
- **1 avocado**, diced
- **¼ cup** cilantro, chopped
- **Juice of 2 limes**
- **Salt and pepper** to taste

Instructions:

1. **Combine ingredients:** In a large bowl, mix cooked quinoa, black beans, bell pepper, corn, avocado, and cilantro.
2. **Dress salad:** Squeeze lime juice over the salad and season with salt and pepper.
3. **Toss and serve:** Gently toss to combine and serve chilled or at room temperature.

Greek Chickpea Salad

Ingredients:

- **1 can** chickpeas, drained and rinsed
- **1 cucumber**, diced
- **1 cup** cherry tomatoes, halved
- **½ red onion**, thinly sliced
- **½ cup** Kalamata olives, pitted and halved
- **¼ cup** feta cheese (optional)
- **2 tbsp** olive oil
- **1 tbsp** red wine vinegar
- **1 tsp** oregano
- **Salt and pepper** to taste

Instructions:

1. **Mix ingredients:** In a large bowl, combine chickpeas, cucumber, cherry tomatoes, red onion, olives, and feta cheese.
2. **Dress salad:** Drizzle with olive oil and red wine vinegar, then sprinkle with oregano, salt, and pepper.
3. **Toss and serve:** Toss to combine and serve immediately or chill for later.

Roasted Vegetable and Farro Salad

Ingredients:

- **1 cup** farro, cooked
- **2 cups** mixed vegetables (zucchini, bell peppers, carrots)
- **2 tbsp** olive oil
- **1 tsp** thyme
- **Salt and pepper** to taste
- **¼ cup** parsley, chopped
- **Juice of 1 lemon**

Instructions:

1. **Preheat oven:** Set oven to 400°F (200°C).
2. **Roast vegetables:** Toss mixed vegetables with olive oil, thyme, salt, and pepper on a baking sheet. Roast for 25-30 minutes until tender.
3. **Combine salad:** In a large bowl, mix cooked farro, roasted vegetables, parsley, and lemon juice.
4. **Serve:** Toss to combine and serve warm or at room temperature.

Kale Caesar Salad

Ingredients:

- **4 cups** kale, chopped
- **½ cup** vegan Caesar dressing
- **¼ cup** nutritional yeast
- **½ cup** croutons
- **Lemon wedges** for serving

Instructions:

1. **Prepare kale:** In a large bowl, massage kale with a pinch of salt until tender.
2. **Add dressing:** Toss in vegan Caesar dressing and nutritional yeast.
3. **Top with croutons:** Sprinkle croutons over the salad and serve with lemon wedges.

Spinach and Strawberry Salad

Ingredients:

- **4 cups** fresh spinach
- **1 cup** strawberries, sliced
- **¼ cup** walnuts, chopped
- **¼ cup** feta cheese (optional)
- **2 tbsp** balsamic vinaigrette

Instructions:

1. **Combine ingredients:** In a large bowl, combine spinach, strawberries, walnuts, and feta cheese.
2. **Dress salad:** Drizzle with balsamic vinaigrette and toss to combine.
3. **Serve:** Serve immediately as a refreshing side or main dish.

Mediterranean Couscous Salad

Ingredients:

- **1 cup** couscous, cooked
- **1 cup** cherry tomatoes, halved
- **½ cucumber**, diced
- **½ red onion**, chopped
- **¼ cup** Kalamata olives, pitted and halved
- **¼ cup** parsley, chopped
- **Juice of 1 lemon**
- **2 tbsp** olive oil
- **Salt and pepper** to taste

Instructions:

1. **Combine ingredients:** In a large bowl, mix cooked couscous, cherry tomatoes, cucumber, red onion, olives, and parsley.
2. **Dress salad:** Drizzle with lemon juice and olive oil, then season with salt and pepper.
3. **Toss and serve:** Toss to combine and serve chilled or at room temperature.

Asian Noodle Salad

Ingredients:

- **8 oz** rice noodles, cooked
- **1 cup** bell peppers, julienned
- **1 cup** carrots, shredded
- **½ cup** green onions, chopped
- **¼ cup** cilantro, chopped
- **¼ cup** sesame dressing
- **Sesame seeds** for garnish

Instructions:

1. **Combine ingredients:** In a large bowl, mix cooked rice noodles, bell peppers, carrots, green onions, and cilantro.
2. **Dress salad:** Drizzle with sesame dressing and toss to combine.
3. **Serve:** Garnish with sesame seeds and serve chilled.

Lentil and Feta Salad

Ingredients:

- **1 cup** cooked lentils
- **½ cup** feta cheese (optional)
- **1 cup** cherry tomatoes, halved
- **1 cucumber**, diced
- **¼ cup** red onion, chopped
- **2 tbsp** olive oil
- **Juice of 1 lemon**
- **Salt and pepper** to taste

Instructions:

1. **Combine ingredients:** In a large bowl, mix cooked lentils, feta cheese, cherry tomatoes, cucumber, and red onion.
2. **Dress salad:** Drizzle with olive oil and lemon juice, then season with salt and pepper.
3. **Toss and serve:** Toss to combine and serve immediately or chill for later.

Caprese Pasta Salad

Ingredients:

- **8 oz** pasta of choice (penne or fusilli)
- **1 cup** cherry tomatoes, halved
- **1 cup** fresh mozzarella balls, halved
- **¼ cup** fresh basil, chopped
- **2 tbsp** olive oil
- **1 tbsp** balsamic vinegar
- **Salt and pepper** to taste

Instructions:

1. **Cook pasta:** Prepare pasta according to package instructions, then drain and let cool.
2. **Combine ingredients:** In a large bowl, mix cooled pasta, cherry tomatoes, mozzarella, and basil.
3. **Dress salad:** Drizzle with olive oil and balsamic vinegar, then season with salt and pepper.
4. **Toss and serve:** Toss gently to combine and serve chilled or at room temperature.

Southwest Avocado Salad

Ingredients:

- **1 can** black beans, drained and rinsed
- **1 cup** corn (fresh or frozen)
- **1 red bell pepper**, diced
- **1 avocado**, diced
- **¼ cup** cilantro, chopped
- **Juice of 2 limes**
- **Salt and pepper** to taste

Instructions:

1. **Combine ingredients:** In a large bowl, mix black beans, corn, bell pepper, avocado, and cilantro.
2. **Dress salad:** Squeeze lime juice over the salad and season with salt and pepper.
3. **Toss and serve:** Gently toss to combine and serve immediately.

Warm Potato Salad with Mustard Dressing

Ingredients:

- **1 lb** baby potatoes, halved
- **¼ cup** red onion, chopped
- **2 tbsp** Dijon mustard
- **3 tbsp** olive oil
- **2 tbsp** apple cider vinegar
- **Salt and pepper** to taste
- **¼ cup** parsley, chopped

Instructions:

1. **Cook potatoes:** Boil potatoes in salted water until tender, about 15 minutes. Drain and let cool slightly.
2. **Prepare dressing:** In a small bowl, whisk together mustard, olive oil, vinegar, salt, and pepper.
3. **Combine salad:** In a large bowl, mix warm potatoes, red onion, and dressing.
4. **Serve:** Garnish with parsley and serve warm.

Thai Mango Salad

Ingredients:

- **2 ripe mangoes**, julienned
- **1 red bell pepper**, sliced
- **1 cucumber**, julienned
- **¼ cup** cilantro, chopped
- **2 tbsp** lime juice
- **1 tbsp** soy sauce
- **1 tbsp** sesame oil
- **Salt and pepper** to taste

Instructions:

1. **Combine ingredients:** In a large bowl, mix mangoes, bell pepper, cucumber, and cilantro.
2. **Dress salad:** In a separate bowl, whisk together lime juice, soy sauce, sesame oil, salt, and pepper.
3. **Toss and serve:** Drizzle dressing over the salad, toss gently, and serve immediately.

Beet and Arugula Salad

Ingredients:

- **2 cups** arugula
- **2 cups** roasted beets, sliced
- **½ cup** goat cheese (optional)
- **¼ cup** walnuts, chopped
- **2 tbsp** balsamic vinaigrette
- **Salt and pepper** to taste

Instructions:

1. **Combine ingredients:** In a large bowl, mix arugula, roasted beets, goat cheese, and walnuts.
2. **Dress salad:** Drizzle with balsamic vinaigrette and season with salt and pepper.
3. **Serve:** Toss gently to combine and serve immediately.

Panzanella Salad

Ingredients:

- **4 cups** crusty bread, cubed
- **2 cups** ripe tomatoes, chopped
- **1 cucumber**, diced
- **¼ red onion**, thinly sliced
- **¼ cup** basil, torn
- **3 tbsp** olive oil
- **2 tbsp** red wine vinegar
- **Salt and pepper** to taste

Instructions:

1. **Toast bread:** Preheat oven to 400°F (200°C). Spread bread cubes on a baking sheet and toast for about 10 minutes until golden.
2. **Combine ingredients:** In a large bowl, mix toasted bread, tomatoes, cucumber, red onion, and basil.
3. **Dress salad:** Drizzle with olive oil and vinegar, then season with salt and pepper.
4. **Toss and serve:** Toss gently and let sit for 10 minutes before serving.

BBQ Chickpea Salad

Ingredients:

- **1 can** chickpeas, drained and rinsed
- **1 cup** corn (fresh or frozen)
- **1 red bell pepper**, diced
- **¼ cup** red onion, chopped
- **½ cup** BBQ sauce
- **¼ cup** cilantro, chopped

Instructions:

1. **Combine ingredients:** In a large bowl, mix chickpeas, corn, bell pepper, red onion, and cilantro.
2. **Dress salad:** Add BBQ sauce and toss to combine.
3. **Serve:** Serve chilled or at room temperature.

Creamy Avocado and White Bean Salad

Ingredients:

- **1 can** white beans, drained and rinsed
- **1 avocado**, diced
- **½ cup** cherry tomatoes, halved
- **¼ red onion**, chopped
- **Juice of 1 lemon**
- **Salt and pepper** to taste

Instructions:

1. **Combine ingredients:** In a large bowl, mix white beans, avocado, cherry tomatoes, and red onion.
2. **Dress salad:** Squeeze lemon juice over the salad and season with salt and pepper.
3. **Toss and serve:** Gently toss to combine and serve immediately.

Cabbage and Carrot Slaw

Ingredients:

- **2 cups** green cabbage, shredded
- **1 cup** carrots, grated
- **¼ cup** red onion, thinly sliced
- **3 tbsp** apple cider vinegar
- **2 tbsp** olive oil
- **1 tsp** honey or maple syrup
- **Salt and pepper** to taste

Instructions:

1. **Combine ingredients:** In a large bowl, mix cabbage, carrots, and red onion.
2. **Prepare dressing:** In a small bowl, whisk together vinegar, olive oil, honey, salt, and pepper.
3. **Dress the slaw:** Pour the dressing over the slaw and toss to combine.
4. **Serve:** Let sit for 10 minutes before serving for flavors to meld.

Teriyaki Chicken Salad

Ingredients:

- **2 chicken breasts**, cooked and sliced
- **4 cups** mixed greens
- **1 cup** cucumber, sliced
- **1 cup** cherry tomatoes, halved
- **2 tbsp** sesame seeds
- **¼ cup** teriyaki sauce

Instructions:

1. **Assemble salad:** In a bowl, combine mixed greens, cucumber, tomatoes, and sesame seeds.
2. **Add chicken:** Place sliced chicken over the greens.
3. **Drizzle:** Top with teriyaki sauce and serve immediately.

Tabbouleh Salad

Ingredients:

- **1 cup** bulgur wheat, cooked
- **1 bunch** parsley, finely chopped
- **½ cup** mint, chopped
- **2 tomatoes**, diced
- **½ cucumber**, diced
- **¼ cup** lemon juice
- **3 tbsp** olive oil
- **Salt and pepper** to taste

Instructions:

1. **Combine ingredients:** In a large bowl, mix bulgur, parsley, mint, tomatoes, and cucumber.
2. **Dress the salad:** Drizzle with lemon juice and olive oil.
3. **Season and serve:** Add salt and pepper, toss well, and serve chilled.

Roasted Sweet Potato and Quinoa Salad

Ingredients:

- **2 sweet potatoes**, cubed
- **1 tbsp** olive oil
- **1 cup** quinoa, cooked
- **¼ cup** cranberries
- **2 tbsp** pumpkin seeds
- **2 tbsp** balsamic vinaigrette

Instructions:

1. **Roast sweet potatoes:** Toss sweet potato cubes with olive oil and roast at 400°F (200°C) for 25 minutes.
2. **Assemble salad:** In a bowl, combine quinoa, roasted sweet potatoes, cranberries, and pumpkin seeds.
3. **Dress and serve:** Drizzle with balsamic vinaigrette and serve warm or chilled.

Moroccan Carrot Salad

Ingredients:

- **3 cups** carrots, grated
- **¼ cup** raisins
- **2 tbsp** lemon juice
- **2 tbsp** olive oil
- **1 tsp** ground cumin
- **Salt and pepper** to taste
- **¼ cup** chopped parsley

Instructions:

1. **Combine ingredients:** In a bowl, mix carrots, raisins, lemon juice, olive oil, cumin, salt, and pepper.
2. **Toss and serve:** Add parsley, toss well, and serve immediately.

Broccoli and Apple Salad

Ingredients:

- **2 cups** broccoli florets
- **1 apple**, diced
- **¼ cup** dried cranberries
- **¼ cup** sunflower seeds
- **3 tbsp** Greek yogurt
- **1 tbsp** honey
- **1 tbsp** lemon juice

Instructions:

1. **Combine ingredients:** In a bowl, mix broccoli, apple, cranberries, and sunflower seeds.
2. **Prepare dressing:** In a small bowl, whisk yogurt, honey, and lemon juice.
3. **Dress the salad:** Pour the dressing over the salad and toss to coat.

Mediterranean Grain Salad

Ingredients:

- **1 cup** cooked farro or barley
- **½ cup** cherry tomatoes, halved
- **½ cup** cucumber, diced
- **¼ cup** Kalamata olives, sliced
- **¼ cup** feta cheese, crumbled
- **2 tbsp** olive oil
- **1 tbsp** red wine vinegar
- **Salt and pepper** to taste

Instructions:

1. **Combine ingredients:** In a large bowl, mix farro, tomatoes, cucumber, olives, and feta.
2. **Dress the salad:** Drizzle with olive oil and red wine vinegar.
3. **Toss and serve:** Season with salt and pepper and serve chilled.

Brussels Sprouts and Pomegranate Salad

Ingredients:

- **2 cups** Brussels sprouts, thinly sliced
- **½ cup** pomegranate seeds
- **¼ cup** walnuts, toasted
- **3 tbsp** olive oil
- **1 tbsp** balsamic vinegar
- **Salt and pepper** to taste

Instructions:

1. **Combine ingredients:** In a bowl, mix Brussels sprouts, pomegranate seeds, and walnuts.
2. **Dress the salad:** Drizzle with olive oil and balsamic vinegar.
3. **Toss and serve:** Season with salt and pepper, then serve.

Grilled Vegetable Salad

Ingredients:

- **1 zucchini**, sliced
- **1 bell pepper**, sliced
- **1 red onion**, sliced
- **2 tbsp** olive oil
- **2 cups** mixed greens
- **¼ cup** feta cheese, crumbled
- **Balsamic glaze** for drizzling

Instructions:

1. **Grill vegetables:** Toss zucchini, bell pepper, and onion with olive oil and grill for 5 minutes.
2. **Assemble salad:** Place mixed greens on a plate, add grilled vegetables, and sprinkle with feta.
3. **Drizzle and serve:** Top with balsamic glaze.

Chickpea and Cucumber Salad

Ingredients:

- **1 can** chickpeas, drained
- **1 cucumber**, diced
- **¼ red onion**, thinly sliced
- **2 tbsp** olive oil
- **1 tbsp** lemon juice
- **Salt and pepper** to taste

Instructions:

1. **Combine ingredients:** In a bowl, mix chickpeas, cucumber, and red onion.
2. **Dress the salad:** Drizzle with olive oil and lemon juice.
3. **Season and serve:** Add salt and pepper, toss, and serve.

Fennel and Orange Salad

Ingredients:

- **1 fennel bulb**, thinly sliced
- **2 oranges**, segmented
- **¼ cup** olives, sliced
- **3 tbsp** olive oil
- **1 tbsp** red wine vinegar
- **Salt and pepper** to taste

Instructions:

1. **Combine ingredients:** In a bowl, mix fennel, orange segments, and olives.
2. **Dress the salad:** Drizzle with olive oil and vinegar.
3. **Season and serve:** Add salt and pepper before serving.

Thai Peanut Salad

Ingredients:

- **2 cups** shredded cabbage
- **1 carrot**, julienned
- **¼ cup** cilantro, chopped
- **¼ cup** peanuts, chopped
- **3 tbsp** peanut butter
- **2 tbsp** soy sauce
- **1 tbsp** lime juice

Instructions:

1. **Make the dressing:** Whisk together peanut butter, soy sauce, and lime juice.
2. **Assemble salad:** In a bowl, combine cabbage, carrot, cilantro, and peanuts.
3. **Dress and serve:** Toss with the dressing and serve.

Eggplant and Tomato Salad

Ingredients:

- **1 eggplant**, roasted and diced
- **2 tomatoes**, chopped
- **¼ cup** parsley, chopped
- **2 tbsp** olive oil
- **1 tbsp** lemon juice
- **Salt and pepper** to taste

Instructions:

1. **Combine ingredients:** Mix eggplant, tomatoes, and parsley in a bowl.
2. **Dress the salad:** Drizzle with olive oil and lemon juice.
3. **Season and serve:** Add salt and pepper to taste.

Curried Chickpea Salad

Ingredients:

- **1 can** chickpeas, drained
- **¼ cup** red onion, diced
- **2 tbsp** raisins
- **2 tbsp** vegan mayo
- **1 tsp** curry powder
- **Salt and pepper** to taste

Instructions:

1. **Combine ingredients:** In a bowl, mix chickpeas, onion, and raisins.
2. **Add dressing:** Stir in mayo and curry powder.
3. **Season and serve:** Add salt and pepper to taste.

Citrus and Avocado Salad

Ingredients:

- **2 oranges**, segmented
- **1 grapefruit**, segmented
- **1 avocado**, sliced
- **2 cups** arugula
- **2 tbsp** olive oil
- **1 tbsp** honey
- **Salt and pepper** to taste

Instructions:

1. **Assemble salad:** In a bowl, combine citrus segments, avocado, and arugula.
2. **Dress the salad:** Drizzle with olive oil and honey.
3. **Season and serve:** Add salt and pepper to taste.

Zucchini Noodle Salad

Ingredients:

- **2 zucchinis**, spiralized
- **1 cup** cherry tomatoes, halved
- **¼ cup** basil, chopped
- **3 tbsp** olive oil
- **2 tbsp** balsamic vinegar
- **Salt and pepper** to taste

Instructions:

1. **Combine ingredients:** Mix zucchini noodles, tomatoes, and basil in a bowl.
2. **Dress the salad:** Drizzle with olive oil and balsamic vinegar.
3. **Toss and serve:** Add salt and pepper, then serve.

Black Rice Salad with Mango

Ingredients:

- **2 cups** cooked black rice
- **1 mango**, diced
- **¼ cup** red onion, thinly sliced
- **2 tbsp** cilantro, chopped
- **3 tbsp** lime juice
- **2 tbsp** olive oil
- **Salt and pepper** to taste

Instructions:

1. **Combine ingredients:** In a bowl, mix black rice, mango, onion, and cilantro.
2. **Dress the salad:** Drizzle with lime juice and olive oil.
3. **Season and serve:** Add salt and pepper to taste.

Warm Lentil and Kale Salad

Ingredients:

- **2 cups** cooked lentils
- **2 cups** kale, chopped
- **¼ cup** walnuts, toasted
- **3 tbsp** olive oil
- **2 tbsp** balsamic vinegar
- **Salt and pepper** to taste

Instructions:

1. **Sauté kale:** Heat 1 tbsp olive oil and sauté kale until wilted.
2. **Combine ingredients:** Mix lentils, kale, and walnuts in a bowl.
3. **Dress the salad:** Drizzle with olive oil and balsamic vinegar.

Roasted Beet and Goat Cheese Salad

Ingredients:

- **3 beets**, roasted and sliced
- **¼ cup** goat cheese, crumbled
- **2 tbsp** pistachios, chopped
- **2 cups** arugula
- **2 tbsp** olive oil
- **1 tbsp** red wine vinegar

Instructions:

1. **Combine ingredients:** In a bowl, mix beets, goat cheese, pistachios, and arugula.
2. **Dress the salad:** Drizzle with olive oil and vinegar.

Spinach and Feta Salad with Quinoa

Ingredients:

- **2 cups** cooked quinoa
- **2 cups** spinach
- **¼ cup** feta, crumbled
- **¼ cup** dried cranberries
- **3 tbsp** olive oil
- **2 tbsp** lemon juice

Instructions:

1. **Combine ingredients:** Mix quinoa, spinach, feta, and cranberries in a bowl.
2. **Dress the salad:** Drizzle with olive oil and lemon juice.

Citrus Kale Salad

Ingredients:

- **2 cups** kale, chopped
- **1 orange**, segmented
- **¼ cup** almonds, toasted
- **3 tbsp** olive oil
- **2 tbsp** orange juice
- **Salt and pepper** to taste

Instructions:

1. **Massage kale:** Massage kale with olive oil until tender.
2. **Assemble salad:** Add orange segments and almonds.
3. **Dress and serve:** Drizzle with orange juice, season with salt and pepper.

Sweet Potato and Black Bean Salad

Ingredients:

- **2 sweet potatoes**, roasted
- **1 can** black beans, drained
- **¼ cup** red onion, diced
- **3 tbsp** olive oil
- **2 tbsp** lime juice
- **Salt and pepper** to taste

Instructions:

1. **Combine ingredients:** Mix sweet potatoes, black beans, and onion.
2. **Dress the salad:** Drizzle with olive oil and lime juice.

Mediterranean Lentil Salad

Ingredients:

- **2 cups** cooked lentils
- **½ cucumber**, diced
- **¼ cup** olives, sliced
- **¼ cup** feta, crumbled
- **3 tbsp** olive oil
- **2 tbsp** red wine vinegar

Instructions:

1. **Combine ingredients:** Mix lentils, cucumber, olives, and feta.
2. **Dress the salad:** Drizzle with olive oil and vinegar.

Taco Salad with Avocado Dressing

Ingredients:

- **2 cups** lettuce, chopped
- **1 cup** black beans
- **1 tomato**, diced
- **¼ cup** corn kernels
- **1 avocado**
- **2 tbsp** lime juice
- **Salt and pepper** to taste

Instructions:

1. **Make dressing:** Blend avocado, lime juice, salt, and pepper.
2. **Assemble salad:** Combine lettuce, beans, tomato, and corn.
3. **Add dressing:** Toss salad with avocado dressing.

Caprese Salad with Pesto

Ingredients:

- **2 tomatoes**, sliced
- **8 oz** mozzarella, sliced
- **¼ cup** basil pesto
- **2 tbsp** olive oil
- **Salt and pepper** to taste

Instructions:

1. **Assemble salad:** Layer tomatoes and mozzarella on a plate.
2. **Add pesto:** Drizzle with basil pesto.
3. **Finish with oil:** Drizzle olive oil, season with salt and pepper.

Grilled Shrimp and Avocado Salad

Ingredients:

- **12 shrimp**, peeled and deveined
- **1 avocado**, sliced
- **4 cups** mixed greens
- **¼ cup** cherry tomatoes, halved
- **2 tbsp** olive oil
- **2 tbsp** lime juice
- **Salt and pepper** to taste

Instructions:

1. **Grill shrimp:** Season shrimp with salt and pepper, then grill until pink.
2. **Assemble salad:** Combine greens, avocado, shrimp, and tomatoes.
3. **Dress and serve:** Drizzle with olive oil and lime juice.

Fattoush Salad

Ingredients:

- **2 pita breads**, toasted and torn
- **2 cups** romaine lettuce, chopped
- **1 cucumber**, diced
- **2 tomatoes**, chopped
- **¼ cup** parsley, chopped
- **3 tbsp** olive oil
- **2 tbsp** lemon juice

Instructions:

1. **Combine ingredients:** Mix lettuce, cucumber, tomatoes, and parsley.
2. **Add pita:** Toss in toasted pita pieces.
3. **Dress the salad:** Drizzle with olive oil and lemon juice.

Roasted Cauliflower Salad

Ingredients:

- **1 head** cauliflower, cut into florets
- **2 tbsp** olive oil
- **½ cup** pomegranate seeds
- **¼ cup** parsley, chopped
- **3 tbsp** tahini
- **2 tbsp** lemon juice

Instructions:

1. **Roast cauliflower:** Toss florets with olive oil, roast at 400°F until golden.
2. **Assemble salad:** Combine cauliflower, pomegranate seeds, and parsley.
3. **Dress and serve:** Drizzle with tahini and lemon juice.

Green Bean and Potato Salad

Ingredients:

- **2 cups** green beans, blanched
- **4 small potatoes**, boiled and quartered
- **¼ cup** red onion, sliced
- **3 tbsp** olive oil
- **2 tbsp** vinegar
- **Salt and pepper** to taste

Instructions:

1. **Combine ingredients:** Mix green beans, potatoes, and onion.
2. **Dress the salad:** Drizzle with olive oil and vinegar.

Bacon-Wrapped Asparagus Salad

Ingredients:

- **12 asparagus spears**
- **6 slices** bacon
- **4 cups** arugula
- **2 tbsp** olive oil
- **1 tbsp** balsamic glaze

Instructions:

1. **Wrap asparagus:** Wrap bacon around asparagus and bake at 375°F until crispy.
2. **Assemble salad:** Place arugula on a plate, top with bacon-wrapped asparagus.
3. **Finish with glaze:** Drizzle with balsamic glaze.

Seared Tuna Salad

Ingredients:

- **2 tuna steaks**
- **2 cups** mixed greens
- **¼ cup** radishes, sliced
- **2 tbsp** olive oil
- **1 tbsp** soy sauce
- **1 tbsp** sesame seeds

Instructions:

1. **Sear tuna:** Sear steaks for 1-2 minutes per side. Slice thinly.
2. **Assemble salad:** Combine greens and radishes, top with tuna slices.
3. **Dress and serve:** Drizzle with olive oil and soy sauce, sprinkle with sesame seeds.

Lentil and Spinach Salad

Ingredients:

- **2 cups** cooked lentils
- **2 cups** spinach
- **¼ cup** walnuts, toasted
- **3 tbsp** olive oil
- **2 tbsp** red wine vinegar

Instructions:

1. **Combine ingredients:** Mix lentils, spinach, and walnuts.
2. **Dress the salad:** Drizzle with olive oil and vinegar.

Creamy Tahini Kale Salad

Ingredients:

- **2 cups** kale, chopped
- **¼ cup** tahini
- **2 tbsp** lemon juice
- **1 garlic clove**, minced
- **¼ cup** sunflower seeds

Instructions:

1. **Massage kale:** Massage kale with tahini, lemon juice, and garlic until soft.
2. **Add sunflower seeds:** Sprinkle with sunflower seeds before serving.

Watermelon and Feta Salad

Ingredients:

- **3 cups** watermelon, cubed
- **¼ cup** feta, crumbled
- **2 tbsp** mint, chopped
- **2 tbsp** olive oil
- **1 tbsp** balsamic glaze

Instructions:

1. **Combine ingredients:** Mix watermelon, feta, and mint in a bowl.
2. **Finish with glaze:** Drizzle with olive oil and balsamic glaze.

www.ingramcontent.com/pod-product-compliance
Lightning Source LLC
LaVergne TN
LVHW081338060526
838201LV00055B/2728